Rhetorik

Überzeugend reden und schreiben

Rhetorik

Know-how für Politiker

Vorbemerkungen

Kommunikations-Talent ist viel, aber nicht alles. Jeder kann dank dem Einsatz von Techniken und dem Kennen von Grundlagenwissen schnell eine relativ hohe Kompetenz in politischer Kommunikation erreichen.

Ziel dieses Buches ist es die Grundlagen der Kommunikation im politischen Alltag zu schaffen, resp. zu verbessern und zur Anwendungsreife zu bringen. Hierzu schaffen wir praxisnahe Grundlagen speziell für den politischen Alltag. Sie finden Techniken und Grundlagen, die es Ihnen ermöglicht aus einem reichhaltigen Fundus zu schöpfen, um effizienter und effektiver kommunizieren zu können.

Die Inhalte und Ausführungen sind auf das Politikfeld ausgerichtet und dienen u.a.

- Dem Schaffen eines Bewusstseins für die Wirkung und Anwendungsmöglichkeiten von Techniken und Stilmitteln
- Der effektiven Erstellung und wirkungsvollen Abhaltung von Vorträgen
- der Produktion von Argumentationen und schriftlichen Verlautbarungen wie Leserbriefe oder Berichte
- Der Maximierung Ihrer Erfolgsqualität

Vorträge erstellen / halten

Darum geht es in diesem Kapitel

Beim Erstellen eines Vortrages sollten Sie methodisch vorgehen, eine strukturierte Rede produzieren und hierzu starke Argumente entwickeln. Schwache Argumente sollten Sie weglassen.

Einen Vortrag müssen Sie planen, dann üben und schlussendlich wirkungsvoll inszenieren.

Reden Sie laut und deutlich, dann hören Sie alle.

Reden Sie kurz, dann schätzen Sie alle.

Erstellen / Halten eines Vortrags

Von der Idee bis hin zum Vortrag sind fünf Schritte nötig:

1. Auffindung der Argumente

2. Gliederung des Vortrags

3. Die sprachliche Gestaltung (Wortwahl, rhetorische Stilmittel, Satzbau, Pausen)

4. Einprägen der Rede für das auswendige Vortragen oder holperfreier Vortrag mit Ablesen, Zeitmanagement

5. Der Vortrag, bei dem stimmliche, mimische und gestische Mittel eingesetzt werden, also sowohl verbal (Lautstärke, Tempo und Pausensetzung, Artikulation) als auch nonverbal (Mimik, Gestik, Blick- bzw. Augenkontakt, persönliche Präsenz, Körpersprache) kommuniziert wird

Auffindung der Argumente

Ein Argument wird typischerweise dazu verwendet, etwas zu begründen oder jemanden zu überzeugen. Mehrere aufeinander bezogene Argumente bilden eine Argumentation.
Argumente bestehen grundsätzlich aus Prämissen und einer Schlussfolgerung, wobei die Prämissen sinnvollerweise die Schlussfolgerung begründen sollen.

Checkliste - Wie gehe ich vor:

- Welches sind die Prämissen[1]?
- Sind die Prämissen wahr und / oder begründet?
- Was ist daraus abgeleitet die Schlussfolgerung?
- Ist die Schlussfolgerung offensichtlich oder ist diese „nur' wahrscheinlich?
- Wird die Schlussfolgerung vom Zuhörer angezweifelt?
- Dies bestimmt die rationale Stärke des Arguments und somit die Überzeugungskraft

Daraus folgt:

- Welche Prämissen sind sinnvoll, wirkungsvoll, widerspruchsfrei?
- Nur starke Prämissen wählen
- Drei Prämissen sind stets die beste Anzahl
- Schwache Prämissen weglassen oder in Reserve halten
- Schwache Prämissen schwächen die Starken, deshalb Mut zur Lücke, besser weglassen
- Welche Schlussfolgerungen sind stark?
- Nur starke Schlussfolgerungen wählen
- Schwache Schlussfolgerungen weglassen, allenfalls in Reserve halten
- Habe ich genug starke Prämissen / Schlussfolgerungen?
    - Wenn ja, ok

---

[1] Was einem bestimmten Vorhaben o. Ä. gedanklich zugrunde liegt; Voraussetzung

- o Wenn nein, weitere, respektive bessere suchen
- o Wenn zu viele,, reduzieren auf wichtigste (drei) , allenfalls Rest in Reserve halten

Gliederung des Vortrags

- **Einleitung** - Sie als Redner versuchen das Wohlwollen des Publikums zu erlangen und seine Aufmerksamkeit sicherzustellen.
- **Erzählung** - Die Schilderung des Sachverhaltes, um den es geht (siehe auch -> 7 Urgeschichten).
- **Gliederung** der nachfolgenden Argumentation.
- **Schlussfolgerung** - Der eigentlich argumentierende Teil der Rede, in dem Sie für die Glaubwürdigkeit der Sache argumentieren. Das kann auch die Widerlegung der gegnerischen Argumente umfassen.
- **Redeschluss** Hier kann z. B. noch einmal an die Emotionen des Publikums appelliert werden. Unbedingt eine Handlungsaufforderung platzieren und klar ausdrücken, was Sie zu erreichen beabsichtigen.

Sprachliche Gestaltung

- Wie formuliere ich die Prämissen und Schussfolgerungen?
- Welches ist das Zielpublikum?
  - o Die Sprache dem Publikum anpassen, so dass Sie verstanden werden
- Welchen Stil verwende ich?

- o Beispielsweise: Ernsthaft, mit Humor, sarkastisch oder raffiniert, etc.
- Ablesen oder frei vortragen?
    - o **Ablesen** ist angezeigt, wenn man schlecht auswendig lernen kann, aber stolperfrei vortragen kann. Falls der Vortrag in Schriftdeutsch notiert ist, aber in Mundart vorgetragen werden soll - unbedingt vorgängig üben!
    - o Mit **Stichworten** geführt frei reden ist am angenehmsten, wenn man sich das zutraut und es beherrscht. Auch hier empfiehlt sich ein vorgängiges Üben.
    - o **Frei reden**, wenn man geübt ist und kein Lampenfieber hat
- Vorteile frei Rede
    - o Wirkt souveräner, Inhalt und Aussagen können situationsbedingt / situativ angepasst werden
- Nachteile freie Rede
    - o Wiederholungen können passieren, Verlust des roten Fadens ist möglich, Sätze ohne Ende sind nicht unwahrscheinlich, das Zeitmanagement ist schwieriger und ‚Ähs' sind schlecht vermeidbar
- Tempo der Rede
    - o Wählen Sie ein normales Tempo, vermeiden Sie es zu hetzen, machen Sie Pausen, damit der Zuhörer das Gesagte verdauen kann. Wenn Sie den Zuhörer abhängen verliert Ihre Rede sofort an Durchschlagskraft
    - o Den Vortrag - einmal mehr gesagt - üben, um auch das Zeitbudget einhalten zu können

- Lautstärke
  - o So laut, dass einen alle verstehen, auf keinen Fall zu leise
- Sprache
  - o Vermeiden von „äh' und „also', aber auch von „Ich weiss nicht, aber....'. All das wirkt wenig souverän und der Zuhörer unterstellt Ihnen allenfalls Unsicherheit
  - o Synonyme[2] für häufig vorkommende Worte verwenden damit der Text attraktiver wird
  - o Vermeidung von zu häufigem Verwenden derselben Floskel, bspw. „entsprechend'
  - o Spielen mit Laut und Leise, unbedingt gezielte Pausen setzen
  - o „Weckeinleitungen' nach Pausen (etwas lauter als Normallautstärke) platzieren wie; „Nun! ...', „Deshalb: ...'
- Sprachwirkung
  - o Zu Vermeiden
    - „Ich glaube' bedeutet „Ich weiss es nicht'! Also niemals verwenden, es sei denn es macht im Kontext Sinn
    - Gute Argumente nicht mit schwachen Argumenten verwässern
  - o So macht sagt es sich besser
    - „Ich bin überzeugt', „Ich meine', „Meinen Sie nicht auch', „Die Spatzen pfeifen es von den Dächern', „Sie sind sicher auch der Meinung, dass', ...

---

[2] Andere Worte mit derselben Bedeutung, z.B. Gebäude für Haus

- Vortrag üben, allenfalls mit Sparringpartner
            - Kurz bleiben im Vortrag, nach 3 Minuten hören in der Regel schon nicht mehr alle zu, nach 5 Minuten ist Ende Feuer, es sei denn der Vortrag ist TOP
- Schlusssatz
    - Für Aufmerksamkeit danken?
        - Geschmackssache, die letzten Worte bleiben haften, also besser nutzen!
    - Darum: Handlungsaufforderung am Ende wie: „Deshalb empfehle ich…', 'Fazit:…'

Halten eines Vortrags

- Einstieg
    - Falls Lärm vorgängig um Ruhe bitten (lassen)
    - oder laut mit Begrüssung starten, um Zeit zu gewinnen, bis Ruhe ist und man loslegen kann
- Betonungen / Wiederholungen
    - **Wichtige** Worte **b e t o n e n**
    - **D e u t l i c h** reden
    - Wichtige Satzteile / Sätze wiederholen (direkt oder später wieder (Refraintechnik))
- Körpersprache
    - Blick abwechselnd zu einzelnen Personen / Personengruppen hinwenden und allenfalls ein Kopfnicken abholen
    - Ab und zu Position wechseln bei neuen Absätzen

- o Wichtige Worte / Argumente mit Gesten[3] / Mimik[4] unter-

    streichen

- Kleidung / Auftreten

    - o Kleider machen Leute - nicht overdressed und nicht under-

        dressed auftreten

    - o Gerade hinstehen

---

[3] Spontane oder bewusst eingesetzte Bewegung des Körpers

[4] Veränderungen der Miene als Ausdruck von Empfindungen, Gedanken oder Wünschen

Bildsprache

Darum geht es in diesem Kapitel

Ein Bild sagt mehr als tausend Worte. Immer dann, wenn man etwas mit einem Bild (Metapher, Sprichwort) näher bringen kann, profitiert man von der Wirkung einer - meist vorhandenen - klaren Vorstellungen; oft gar noch von angelernten Wahrheiten, was die Akzeptanz erhöht.

Statt Worte können auch Gegenstände verwendet werden.

Wer auf Bildsprachelemente verzichtet muss wesentlich mehr reden, um dasselbe zu transportieren.

Warum Bildsprache

Es geht im Wesentlichen um eine Veranschaulichung; ein einfacheres, wirkungsvolleres Herüberbringen einer Botschaft. Die eigentliche Aussage wird durch etwas ersetzt, das deutlicher, anschaulicher oder sprachlich reicher ist, z. B. „Pferdefuss' oder „Haken' für „unerwünschte bis unangenehme, z. T. versteckte Begleiterscheinungen'.

Oft können Metaphern auch aufwendigere Umschreibungen ersetzen, da mit einem Begriff beim Zuhörer gleich alles klar ist.

Sprichworte haben eine ähnliche Wirkung, da sie allgemein sogar noch als gültig und wahr erachtet werden.

Die Metapher nutzt das Prinzip der Ähnlichkeit und formuliert ein bewusst ausgewähltes und damit konstruiertes Verhältnis zwischen ähnlichen Sachverhalten, wobei zwischen diesen eine Bedeutungsübertragung vorgenommen wird. Metaphern ermöglichen das Verstehen einer Idee durch eine andere vorzüglich und sehr effizient.

Beispiele von Metaphern:

- Sisyphusarbeit
- Zahn der Zeit
- Stein ins Rollen bringen
- Gegen die Wand laufen
- Heisses Eisen
- Neue Besen kehren gut
- Das Übel an der Wurzel packen
- Claim abstecken
- Politik ist die Kunst des Möglichen. Man kann nur mit den Mädchen tanzen, die im Saal sind.
- In Schneckentempo bewegen
- Adleraugen haben
- Mauer des Schweigens durchbrechen
- Ein Fass aufmachen
- Rosarote Brille
- Ohne Fleiss kein Preis
- Von nichts kommt nichts
- Wehret den Anfängen
- Das Kind mit dem Bad ausschütten
- Jemandem das Herz brechen.
- Jemandem nicht das Wasser reichen können
- Eine Mauer des Schweigens errichten
- Die Nadel im Heuhaufen

- Nagel auf den Kopf getroffen
- Rosarote Brille
- Rabeneltern
- Das riecht nach Verrat
- Ich wusste doch gleich, wo der Hund begraben liegt
- Die Würfel sind gefallen
- Auf einer Erfolgswelle reiten
- Drehtür-Effekt
- Mit Füssen treten
- Gläserne Decke
- Jemanden in den Himmel loben
- Leeres Stroh dreschen
- Mauer des Schweigens
- Kaderschmiede
- Jemandem das Herz brechen
- Die Nadel im Heuhaufen
- Nussschale
- Pyrrhussieg
- Schnee von gestern
- Sternstunde
- Strohfeuer
- Zahlenfriedhof
- Jemandem auf den Zahn fühlen
- Ein Fass aufmachen
- Wink mit dem Zaunpfahl
- Bleiwüste

Metaphern kann man im positiven wie auch im negativen Sinn verwenden und oft auch als Verstärker einsetzen.

Abbildung 1: Adleraugen

Stilmittel

Darum geht es in diesem Kapitel

Stilmittel peppen Texte - und somit auch Vorträge - auf und erzeugen eine wesentlich bessere Wirkung als Normaltext.
Der Vortrag wird abwechslungsreicher und weckt gezielt Emotionen oder Reaktionen.

Mit Stilmitteln kann man angreifen, ausweichen oder kontern.

Argumente werden mit Stilmitteln verstärkt oder gezielt vermindert.

Die wichtigsten Stilmittel

Dies Auflistung ist selbstverständlich nicht vollständig.

Stilmittel	Beispiel	Beschreibung
Akkumulation	Feld, Wald und Wiesen - A, B, C...	Die bewusste Anhäufung thematisch zusammengehörender Wörter
Vergleich	Mutig wie ein Löwe - Stark wie ein Bär	Bedeutungsübertragung
Allegorie	Heisses Eisen - Pyrrhussieg	Verbildlichung eines Sachverhaltes mit wenigen Worten
Anspielung	Sie wissen, was ich meine... - Sind Sie nicht auch der Meinung, dass...	
Archaismus	Postillon anstatt Briefbote	Bewusste Verwendung veralteter Begriffe
Bathos	Beim Unfall erlitten beide Autos Totalschaden und ich hatte Durst	Gegenüberstellung eines höheren Wertes mit einem niedrigeren. Trägt zur freiwilligen oder unfreiwilligen Komik eines Textes oder einer Rede bei

Concessio	Er mag sich moralisch nicht korrekt verhalten haben, aber bestrafen kann man ihn dafür nicht.	Die Richtigkeit eines gegnerischen Argumentes wird eingestanden, allerdings durch (hoffentlich) stärkere, eigene Argumente gleich wieder unwirksam gemacht.
Conversio	Alles ist verloren, alles	Wiederkehr eines Wortes am Satzende, Verstärkung der Aussage
Diminutiv	Problemchen	Verniedlichungsform, um das Argument abzuwerten
Aufzählung	Grüne, blaue, rote ,...	
Eponomasie	Ungläubiger Thomas - Vom Saulus zum Paulus	Ersetzung eines Begriffs durch einen Namen einer bekannten Figur für eine gewollte Bedeutungsübertragung
Beispiel	Am Beispiel Deutschlands...	Bildhaft machen
Floskel	So ist es halt	Phrasendrescherei
Aufforderung	Macht! Geht!	
Ironie	Das haben Sie aber gut gemacht!	Ironie wird allerdings oft nicht verstanden!
Klimax	Das kosten 10, 20, 50 Millionen	Steigerung für Bedeutungserhöhung

Untertreibung	Nicht unbedeutend	Bewusste Steigerung der Wichtigkeit
Onomatopöie	Peng! Puff!	Lautmalerei
Paradigma	Menschen wollen keine Veränderungen	Lehrmeinung, Denkweise, „Common sense'
Parenthese	Das ist - wie schon gesagt - unwichtig	Einschub für Verstärkung des Fokus
Pejoration	Ungeziefer statt: Insekten	Bedeutungsverschlechterung für Abwertung
Pleonasmus	Kleiner Zwerg oder dunkler Mohrenkopf[5]	Doppelt gemoppelt
Rhetorische Frage	Sind sie nicht auch der Überzeugung, dass...	Ins Boot holen, Bestätigung abholen
Übersteigerung	Toter als tot - roter als Rot	Auf die Spitze treiben

---

[5] Heftig, das geht natürlich gar nicht, speziell in genderfreundlichen Kreisen

Argumentationstechnik

Darum geht es in diesem Kapitel

Bei einem Schlagabtausch oder generell bei Entgegnungen zu Argumenten gibt es eine Reihe von Techniken, die angewendet werden können.

Wenn Sie diese Techniken kennen sind sie automatisch schlagfertiger und weniger angreifbar. Dazu haben Sie Instrumente, um gezielt angreifen zu können.

Wer gut entgegnet wirkt selbstsicherer.

Was ist Argumentationstechnik

Gute Ideen oder umfassendes Wissen allein reichen oft nicht aus, um den Gesprächspartner zu überzeugen oder gar zu begeistern. Vielmehr kommt es nebst solidem Vortrag auf ein schlüssiges Konzept, eine bestechende Argumentation und eine möglichst lückenlose Vorbereitung an.

Der Fünfsatz ist der eigentliche Klassiker unter den Argumentationstechniken. Die Struktur eignet sich für Konferenzen, Meetings, Präsentationen, aber auch für Diskussionen. Die Befolgung des Fünfsatzes sorgt dafür, dass Sie strukturiert und prägnant seine Botschaft auf den Punkt bringen.

Das sind die fünf Punkte:

1. **Einleitung** - worum geht es, was will man, Ziel der Übung

2. **Argumente** PRO (Allenfalls Beispiele) - Ziel Überzeugen von der Richtigkeit der eigenen Argumente

3. **Argumente** CONTRA (Allenfalls Beispiele) - Ziel: Entkräften der gegnerischen Argumente

4. **Schlussfolgerung -** Ziel Fazit, Güterabwägung, etc.

5. **Zielsatz** - Handlungsaufforderung oder Empfehlung

Bei Abfassen von Argumentationen müssen sowohl Pluspunkte der eigenen Lösung aufgetischt werden als auch Negativpunkte der Gegner entkräftet werden. Deshalb müssen Gegenargumente möglichst vorgängig erkannt und argumentativ behandelt werden.

Abbildung 2: Argumentieren und Diskutieren

Die wichtigsten Techniken

In Fett die besonders Interessanten!

Technik	Beschreibung	Beispiel
Plausibilitätsargumentation:	Das Argument ist plausibel, eingängig, z.B. Verallgemeinerungen, Selbstverständlichkeiten, Allgemeingut	'Jeder ist sich selbst der Nächste.' 'Jeder mit gesundem Menschenverstand'
Rationale Argumentation:	Logik besticht. Das Argument wirkt glaubwürdig, z.B. mit Statistiken und logischen Beweisführungen unterstützt. Baut zur Überzeugung auf nachprüfbare Tatsachen, auf die Überzeugungskraft von klaren Daten	‚Letzte Jahr tranken die Tschechen laut Statistik im Durschnitt 200 Liter Bier pro Person‘
Moralisch-Ethisch:	Basiert auf anerkannten Verhaltensmodellen. Moralische Argumentation verweist auf Vorbilder. Ethische Argu-	Erhöht Zuwendung. z.B. ‚Will nicht jeder gesund alt werden? '

	mentation auf das Gute im Menschen beziehend.	
Erweiterung:	**Inhalt der gegnerischen Argumente wird übertrieben.**	**'Wenn Sie in diesem Fall subventionieren, müssen Sie in ähnlichen Fällen auch Geld geben. Auf diese Weise binden wir so viele Mittel, sodass wir für Wichtigeres nicht mehr genug zur Verfügung haben.'**
Definitionstaktik:	'Definieren lassen' hilft verstehen, schafft Klarheit, klärt Sachverhalte.	'Was bedeutet für Sie Republik?, China oder Deutschland?' Oder selbst definieren, d.h. Sie geben die Interpretation, die den eigenen Vorstel-

		lungen entspricht und den gegner allenfalls schlechter aussehen lässt.
Scheinlogik:	Falsche Anwendung eines logischen Denkschemas.	'Bernhard Russi kann gut Ski fahren. Er ist ein Urner. Somit können alle Urner gut Ski fahren.'
Scheinkausalität:	Übertriebene Anwendung eines logischen Denkschemas.	Je mehr Störche in einer Region leben, desto mehr Kinder werden dort geboren.
Zirkelschluss:	Behauptung mit derselben Behauptung begründen.	'Laut Musik hören schadet dem Gehör, denn jeder bekommt einen Ohrenschaden, der dauernd laut Musik hört.'

Autoritäts-Zitatentechnik:	Statt Argumente werden Zitate vnl bekannten Persönlichkeiten zitiert.	'Albert Schweizer sagte: .... ' 'Dazu hat Prof Dr Prügelpeitsch geschrieben ...'
Historische Ungleichheit:	Gegenwärtige Sachverhalte werden mit Vergangenem (oder Künftigem) verglichen. Umkehrung ist auch denkbar: Vergleich der Zukunft mit der Gegenwart.	'Früher konnten wir auch ohne Mobiltelefone existieren. Es ist deshalb auch möglich, künftig auf Fertigpizzen zu verzichten.'
Selektion:	Die Selektion kommt einer leichten Manipulation gleich. Man klammert bei früheren Aussagen wichtige Teile aus. Beispielsweise wird eine Einzelaussage als Volksmeinung dargelegt.	,Familie Meier befürwortet die Einführung von Tagesschulen. Daraus ersehen wir: Die Familien wünschen heutzutage die Tagesschulen.'

Vorwegnahme:	Den Wind aus den Segeln nehmen, indem das Argument der Gegenpartei von vorweg entkräftet wird.	'Ich höre schon Ihren Einwand, man solle die Steuerzahler nicht noch mehr belasten. Es ist jedoch so, dass … '
Vertagungsmethode:	Antwort auf später verschieben (vergessen oder bewusst überhören). Traktandum als unausgereift auf eine nächste Sitzung verschieben (vertagen).	'Erlauben Sie, dass ich zu einem späteren Zeitpunkt auf diesen Sachverhalt zurückkomme.'
Bilanz ziehen:	**Den Mängeln zahlreiche Vorteile gegenüberstellen oder umgekehrt. Im Sinne einer Güterabwägung.**	**Vorteile und Nachteile so auflisten und derart wiedergeben, dass die eigene Meinung überzeugt (gewisse Nachteile werden zugegeben).**

Division:	Nachteile werden so verkleinert, dass sie kaum ins Gewicht fallen. Aufwendungen wirken dank dieser Technik kleiner.	'Die Miete kostet Sie nur 7 Franken pro Tag.'
Multiplikation:	**Mängel des Gegners werden in grossen Dimensionen gezeigt. (Der eigene Vorteil kann mit Hilfe dieser Technik ebenfalls vergrössert dargestellt werden).**	**'Nach Ihren Darstellungen scheinen die Unterhaltskosten kaum ins Gewicht zu fallen. Wer richtig rechnet stellt jedoch fest: In zehn Jahren belaufen sich die Kosten auf 20'000.- Franken.'**
Korkenzieher:	Mit Provokationen und Reizen werden Zusatzinformationen und zusätzliche Einwände 'herausgekitzelt'.	'So kann nur ein Beamter reden, ohne jeden Bezug zur Realität der Praxis.'

Boomerang:	Einwand des 'Gegners' zur eigenen Begründung verwenden. Der Kontrahend wird mit dem eigenen Einwand geschlagen.	'Gerade deshalb, weil es das höchste Gut ist, müssen wir ... ' 'Gerade aus diesem Grunde gilt es ...'
Beschuldigung:	Schlechtes Gewissen wird geweckt.	'Wer im Zug raucht, muss sich klar sein darüber, dass er den Mitfahrern die Lebensdauer verkürzt. '
Entschuldigung:	Eigenes Tun wird gerechtfertigt.	'Wer Luxusartikel kauft, der unterstützt die Wirtschaft und ermöglicht vielen Leuten ein Auskommen.'
Ja-Aber-Methode:	Bedingte Zustimmung mit sanftem Hinüberzuführen zu Einwänden (Ja, aber...).	'Es stimmt sicherlich, dass die Miete viel kostet. Bedenken wir jedoch .... '

Ausweichen:	Das Gespräch, die Argumentation wird bewusst auf ein neues Thema gelenkt (mit attraktiver Geschichte oder neuer Behauptung etc.).	'Ihr redet dauernd von der Doppelbelastung der Frau. In jeder Ehe gibt es Probleme. Unsere Nachbarn gingen während der Sommerferien nach Spanien. Stellt Euch vor ... '
Statistiken :	Autorität durch Zahlen, Daten und Statistiken.	'Sie wissen bestimmt, dass Professor Helbling in seiner Studie schon 1988 festgestellt hat, dass ... '
Salamitaktik:	**Teilargumente, die leicht bejaht werden können, führen zum Hauptargument. In kleinen Schritten (Scheibe um Scheibe) wird die Zustimmung zum Argument angestrebt.**	**Dosen halten lange, Dosen sind günstig und Dosen sind einfach zu transportieren. Deshalb sind Dosen die richtige Wahl.**

Schau stehlen:	Mit einem rhetorischen Feuerwerk, mit schlagfertigen Bemerkungen wird der Mangel an überzeugenden Argumenten kompensiert.	Einsatz von verschiedenen Techniken.
Schweigen :	**Langes Schweigen kann den Partner verunsichern. Er sagt mehr, als er möchte. Es lohnt sich generell den Gegner ausreden zu lassen, dann hat er in der Regel das Pulver verschossen.**	
Eisbrecher-Methode:	Wer das Schweigen brechen möchte, bedient sich in Ausnahmefällen auch der Methoden kleiner Provokationen oder Anstössen.	'Sie wollten vorhin etwas einwenden, nicht wahr?'
Öffnen:	Um zusätzliche Argumente zu erfahren.	'Gibt es noch einen weiteren Grund, der ... '

Umkehrmethode:	Den Einwand zurück-geben.	'Sind Sie wirklich überzeugt, dass...?'
Offenbarungsmethode:	Bei einem hartnäckigen Partner, der alle Vor-schläge in den ablehnt.	'Unter welchen Umständen könn-ten Sie den Vor-schlag annehmen?'
Bandwagon:	Eigene Ansicht wird Ansicht der Mehrheit hingestellt. Der Zuhörer soll das Gefühl haben, bei der Prominenz Platz nehmen zu dürfen. (Bandwagon = Musik-wagen mit einer Musik-band nahe der Promi-nenz).	'Alle demokratisch gesinnten Bürger ... ' ‚Alle modern den-kenden Men-schen...'
Isolieren:	Wer die Ansicht der Gegenseite teilt, wird damit zum Aussensei-ter.	'Nur die allerletz-ten Hinterwäldler meinen ...'

Bestreiten:	Angeblich fundamentale Tatsachen des Gegners werden angegriffen. (Zahlen in Frage gestellt. Akzente neu gesetzt. Nachdem Zahlen angeblich überzeugend dargelegt worden sind):	'Statistiken -wie die eben präsentierte - werden schon lange angezweifelt, weil....'
Widerspruchstechnik:	**Widersprüche werden gesucht und deutlich aufgedeckt.**	**'Vorhin behaupteten Sie die enormen finanziellen Aufwendungen würden uns zur Ablehnung des Projektes zwingen. Jetzt erwähnen Sie plötzlich persönliche Gründe, die dafür sprechen. Ist es nicht so , dass...?'**

Umwertung:	Viele Begriffe können im positivem oder negativen Sinn gebraucht werden.	Nach Vorwurf, die Partei sei konservativ: 'Gerne lasse ich das gelten, denn unser Konservatismus hat uns vor finanziellen Auswüchsen bewahrt..'
Wiederholung:	Behauptung oder Argument wird wiederholt.	'Dies muss mit aller Deutlichkeit unterstrichen werden, dass... !' - 'Es kann nicht genug hervorgehoben werden, dass...'
Gefühlsappell:	Sachliche Argumente werden mit Emotionen und Vorurteilen überlagert.	'Wer sich nicht an die Gesetzte hält soll auch noch belohnt werden?'
Anderer Gesichtspunkt:	Aufmerksamkeit auf neuen Gesichtspunkt lenken.	'Anderseits darf man nicht vergessen, dass ... '

Schmerzmethode:	**Sie machen dem Gegner deutlich, dass seine eigenartige Meinung unbedacht ist:**	**'Ihre Ansicht leuchtet ein. Doch ist es schmerzlich, festzustellen, dass Sie bei Ihren Überlegungen unberücksichtigt lassen, dass ... '**
Umdeutungs-Methode:	Aussage leicht umdeuten, ohne dass der Partner beleidigt ist:	'Darf ich es so verstehen ...?' (hierauf folgt eigene Interpretation). Oft wird die Umdeutung nach und nach immer stärker verändert, bis der Partner korrigiert, ohne die ersten abweichenden Aussagen zu negieren. Somit können abweichende Aussagen immerhin leicht korrigiert werden,

		ohne belehren zu müssen.
Augenschein:	Während des Redens wird ein Artikel, Buch oder ein Schriftstück hochgehalten. Diese Veranschaulichung kann beeindrucken. Auch ein Gegenstand, ein Foto oder eine Person kann als 'Beweisstück' dienen.	
Entlastung:	Das Problem wird von der anderen Perspektive her beleuchtet. Man hilft dem Partner, sein Gesicht zu wahren. Partner wird entlastet. (Geeignet bei vielen Gesprächsteilnehmern.)	'Ich verstehe Ihren Einwand. Sie haben es vorwiegend mit unqualifizierten Laien zu tun. In dieser Situation ist es klar, dass ... '
Analogie:	Man führt den Partner in eine Situation, die ähnlich ist, bei der er sich aber nicht so verhalten würde wie zuvor dargestellt.	'Was machen Sie nun mit Ihrem Guthaben, wenn Inflation herrscht? Sie würden bestimmt auch ... '

Differenzieren:	Man unterscheidet zwischen A ... und ... B .... nachdem prinzipiell zugestimmt worden ist. Durch die Differenzierung entstehen neue Bedingungen.	'Wir haben gesehen: Niemand ist gegen die Aufnahme von echten Asylanten. Doch ist es ein Unterschied, ob Asylanten vom Staat betreut werden oder ob wir sie bei uns zu Hause aufnehmen müssen.'
Vergleichen:	Zeigen, dass Vergleich hinkt.	'Sie vergleichen Äpfel mit Birnen. Der Vergleich hinkt. Denn...'
'Entweder / Oder':	Nur zwei Möglichkeiten aufzeigen.	'Entweder bekennen wir in diesem Bereich Farbe, oder wir... '
'Sowohl-als-Auch':	**Um Differenzen herunterzuspielen.**	**Beide Seiten haben in einem Punkt recht: 'So gesehen ... '**

'Ad absurdum' führen:	Den Vorschlag aufnehmen, ausführlich schildern und dann aufzeigen, wie absurd die Realisierung des Vorhabens wäre.	'Gut, schaffen wir die hierarchischen Strukturen ab. Wenn wir Ränge abschaffen, dann zeigt sich: 1. ... 2. ... 3... Zwangsläufig kommt es zum Chaos, denn ...'
'Alles -hat-zwei-Seiten':	Das Gegenargument ist schon durchdacht und als schwächer bewertet worden.	'Ihre Sicht stimmt von ... aus gesehen, anderseits müssen wir das Problem auch von der Gegenseite beleuchten. Dann ...'
Umarmung:	Ins Boot holen, Wohlwollen schaffen	Ganz besonderen Dank verdient Frau Frey für ihre Bemühungen um ...

Nimbustaktik:	Überzeugen	In meinem Gespräch mit dem Regierungsrat habe ich gesagt, wie hier zu verfahren sei. Er war derselben Meinung.
Hinterfragen:	Begriffe oder Fremdwörter erklären lassen	Was verstehen Sie unter System? Kann für den Gefragten peinlich sein, wenn er es nicht erklären kann.
Gezielte Provokation:	Den Gegner zu Dingen verleiten, die er sonst nicht tun / sagen würde	

Die 7 Urgeschichten

Darum geht es in diesem Kapitel

Jede Geschichte kann auf einer der sieben Urgeschichten zurückgeführt, resp. typisiert werden. Auch in der Politik kann man „Geschichten' erzählen und sich daran orientieren.

Diese Geschichten machen eine Erzählung eindrucksvoller.

Liste der Urgeschichten

1. Gut gegen Böse
2. Die grosse Reise
3. Das Besiegen des Monsters
4. Die klassische Tragödie
5. Das Erstarken / Comeback
6. Die Aufgabe / Mission
7. Die Aufstiegsgeschichte

Mustergeschichten

Nachfolgende Mustergeschichten eignen sich auch in der Politik, um eine Veränderung herbeizuführen. Man kann so veranschaulichen, warum man etwas ändern möchte.

1. **Gut gegen Böse**: Die Geschichte von Gut gegen Böse, Arm gegen Reich, der Schwache gegen den Starken oder Medikamente gegen die Bekämpfung einer tödlichen Krankheit.

2. **Die grosse Reise**: Bei dieser Grundstory steht die klassische Heldenreise im Vordergrund. Der Held geht in eine fremde Welt, um Krisen zu bewältigen und verändert in die gewohnte Welt zurückzukehren.

3. **Das Besiegen des Monsters:** Ein Monster, ein Despot oder Ähnliches wird bekämpft und besiegt.

4. **Die klassische Tragödie**: Die Nachahmung von menschlichen Handlungen soll Mitleid und Schrecken provozieren und zur Reinigung der Seele bei dem Zuschauer führen.

5. **Das Erstarken / Comeback**: Die Rückkehr steht für Auferstehung, ein Comeback, eine neue Produktreihe nach einem Reinfall. Wie Phönix aus der Asche.

6. **Die Aufgabe / Mission**: In diesem Ur-Thema ist der Held auf der Suche nach einem speziellen Ziel, Ort oder Gegenstand. Er muss ausziehen, um seine Mission zu erfüllen. Zuvor gilt es jedoch Hindernisse zu überwinden und Herausforderungen zu meistern.

7. **Aufstiegsgeschichte**: Die Tellerwäscherkarriere - aus kleinen Verhältnissen stammend klettert der Protagonist auf. Dieser Story-Typus ist ideal, wenn es um die Vision Ihres Unternehmens geht. Die Hauptfigur ist der Typ Entdecker, Abenteurer, Pionier.

Körpersprache

Darum geht es in diesem Kapitel

Die Körpersprache ist eine Form der nonverbalen Kommunikation, die sich in Form von Gestik, Mimik, Körperhaltung, Habitus[6] und anderen bewussten oder unbewussten Äusserungen des menschlichen Körpers ausdrückt.

Die Körpersprache hat einen entscheidenden Einfluss auf die Verständlichkeit der eigentlichen, gesprochenen Botschaft sowie die Wirkung der Person auf ihren Gesprächspartner.

---

[6] Gesamterscheinungsbild einer Person nach Aussehen und Verhalten

Unbewusste Signale des Körpers

Die meisten Signale der Körpersprache stellen unbewusste Gesten dar, mit denen der Körper auf die Gesprächssituation, die Gefühlswelt oder den Auftritt des Gegenübers reagiert. Bei einer (ehrlich empfundenen) schlechten Neuigkeit, wie etwa einer Kündigung oder der Überbringung einer Todesnachricht, wird es einem Menschen kaum gelingen, seine Betroffenheit nicht auch durch Signale des Gesichtes oder der Körperhaltung zu offenbaren.

Gleiches gilt im umgekehrten Fall für freudige Überraschungen. Auch Gefühlszustände wie Angst, Langeweile, Spannung oder Selbstbewusstsein können sich in unbewusster Körpersprache widerspiegeln.

Bewusste Signale des Körpers

Zu den bewussten Signalen des Körpers zählen angelernte beziehungsweise antrainierte Fähigkeiten, wie Anlächeln, ein gezielter Blick, ein ausdrucksloses „Pokerface', ein selbstbewusster Händedruck zur Begrüssung, eine aufrechte Körperhaltung z. B. im Bewerbungsgespräch oder Reaktionen wie Kopfschütteln und Nicken.

Jeder Mensch kann aus der Eigenbetrachtung seiner Körpersprache oder der Beobachtung der Gestik anderer Menschen Schlüsse ziehen und seine bewusste Körpersprache dadurch beeinflussen.

Schreiben und Lesen der Körpersprache

Beispiele für die Gestik

Ein der Situation angemessenes Kopfnicken kann eine positive Geste für Zustimmung sein. Das gilt auch, wenn der Gesprächspartner die Hände einsetzt, um die eigenen Aussagen zu unterstützen.

Auf der anderen Seite können verschränkte Arme vor der Brust eher Abwehr signalisieren. Ebenso weisen Gesten wie ein nervöser bzw. verlegener Griff an die Nase und das Berühren des eigenen Halses möglicherweise darauf hin, dass der Gesprächspartner in der aktuellen Situation unter Druck steht und/oder sich unwohl fühlt.

Beispiele für die Mimik

Geht es um die Mimik, ist es ein gutes Zeichen und zeugt von Selbstvertrauen, wenn ein Mensch den Blickkontakt mit Ihnen sucht. Ein freundliches, nicht aufgesetztes Lächeln können Sie ebenfalls als eine positive Form der Körpersprache deuten.

Im Gegensatz dazu steht das Ausweichen von Blicken für Unsicherheit und Verlegenheit. Achtgeben sollten Sie auch bei Stirnrunzeln (= Unverständnis), verdrehten Augen oder einem starr geschlossenen Mund (= Verbissenheit, keine Empfänglichkeit für Tipps oder Ratschläge).

Beispiele für die Körperhaltung

Schauen Sie, ob Ihr Gegenüber eher locker geht bzw. aufrecht und gerade sitzt. Eine leichte Beugung des Oberkörpers in Ihre Richtung zeugt von Aufgeschlossenheit und Interesse.

Herabhängende (Last zu schwer) oder hochgezogene Schultern (Angst), ein eher zurückgeneigter Oberkörper (Desinteresse) und Beine, die um das Stuhlbein herum positioniert sind (Suche nach Halt) können Sie dagegen eher als eine negative Körpersprache deuten.

Die folgende Körpersprache könnten Sie so deuten, dass ein potenzieller Gesprächspartner Ihnen gegenüber positiv gestimmt ist:

- Der Gesprächspartner wendet sich Ihnen mit dem Oberkörper zu.
- Der Gesprächspartner intensiviert den Blickkontakt.
- Der Gesprächspartner nickt zustimmend mit dem Kopf.
- Der Gesprächspartner verstärkt sein Lächeln ohne aufgesetzte Wirkung.
- An dieser Stelle sei aber erwähnt, dass sich alle genannten Signale rund um die Körpersprache nicht nur auf den beruflichen Bereich, sondern auch auf das private Umfeld übertragen lassen.

Abbildung 3: Mimik

Polit-Marketing

Darum geht es in diesem Kapital

Wenn Sie Ihren Positionen zu einer Mehrheit verhelfen wollen, dann müssen Sie überzeugen; Sie müssen sich selbst, resp. Ihre Positionen vermarkten.

Kampagnen und Promotionen sind die typischen Mittel hierfür.

Polit-Marketing

In der Politik gibt es ein wichtiges Datum: den Wahl- beziehungsweise den Abstimmungstag. Um die Menschen davon zu überzeugen, zu Ihren Gunsten zu stimmen oder Sie zu wählen, brauchen Sie die richtige Strategie, die richtigen Hilfsmittel und nicht zuletzt Erfahrung.

Kampagnen fahren

Sichtbarkeit und Überzeugungskraft braucht eine wirkungsvolle Kampagne. Von anhaltendem Grundrauschen bis hin zu auffallenden Guerilla-Aktionen - sorgen Sie dafür, dass sich die Wähler / Stimmenden an Ihre Argumente erinnern, wenn sie den Stimmzettel, resp. den Wahlzettel ausfüllen.

Argumente der Gegner kennen

Gegnerische Argumente sollte man bereits kennen und wissen, wie man ihnen begegnet. Denn diese müssen gegebenenfalls entkräftet, geschwächt und in Abrede gestellt werden.

Die Arbeit am Produkt

Die Basis eines guten Marketingmix bildet der Abstimmungsgegenstand - das Produkt (Der Kandidat, resp. der Abstimmungsgegenstand), daher ist es ratsam, sich nicht nur intuitiv mit ihm befassen. Folgende Kernfragen sind von Bedeutung:

- Welchen Nutzen hat die empfohlene JA oder NEIN-Parole für die Zielgruppe?
- Wie kann ich das JA oder NEIN noch besser auf die Zielgruppe abstimmen?
- Warum soll die Zielgruppe den Kandidaten wählen?
- Wie kann ich den Kandidaten der Wählerschaft noch schmackhafter machen?

Fragen wie diese helfen, Ihre Kampagne kontinuierlich zu verbessern. Hierbei ist es auch wichtig, die Botschaften regelmässig zu überprüfen, ob Ihr Angebot nach wie vor der Nachfrage entspricht.

Die wichtigsten Aspekte aus der Produktpolitik, die Sie dabei berücksichtigen sollten:

- Produktinnovation
- Produktverbesserung
- Produktdifferenzierung
- Namensgebung
- Verpackung / Hülle / Sujet

Münzen Sie dies entsprechend auf den Abstimmungsgegenstand, resp. den Kandidaten um.

Promotion

In Zeiten der zunehmenden Informationsflut ist es mit Sicherheit nicht einfach seine Zielgruppe zu erreichen, denken Sie nur an die Streuverluste und die Abstumpfung bei den Nachrichtenempfängern. Kundenbefragungen durchzuführen und den Medienmix auf die Ergebnisse zu prüfen und abzustimmen, kann in vielen Fällen Sinn machen. Orientierungspunkt dieser Aktivitäten ist immer die Zielgruppe, die erreicht werden soll.

Es stellen sich Fragen wie: Wo liegen hier die Interessen? Welche Medien nutzt diese Zielgruppe und in welcher Intensität?

Natürlich macht es darüber hinaus Sinn, Reichweiten und andere Leistungswerte der unterschiedlichen Werbemedien zu vergleichen, um sicherzustellen, dass Sie Ihre Zielgruppe wirklich erreichen und dass das Kosten-Nutzenverhältnis im Lot ist.

Aber auch über andere Formen der Kommunikation mit dem Kunden können Sie viel erreichen. Nutzen Sie bereits alle Kommunikationskanäle, um Ihre Kunden bestmöglich anzusprechen? Ein kleiner Auszug?

- Mediawerbung (Print, Radio, Plakat, TV, Online)
- Verkaufsförderung am Point-of-Sale (Standaktionen o.ä.)
- Direkt-Marketing (z.B. Kundenschreiben)
- Public Relations
- Persönliche Kommunikation

- Event-Marketing

- Social Media (Facebook, Twitter, Xing, LinkedIn, Youtube, etc.)

Slogans

Vor allem auf Plakaten und auf Flyern muss ein kurzer, knackiger, treffender Slogan her. Hier ist Framing angebracht. Gute Slogans kommen mit maximal 3 Worten aus. Wichtig: Der Nagel muss auf den Kopf getroffen werden! Den ersten Eindruck macht man nur einmal.

Abbildung 4: Vortragssaal

Framing

Darum geht es in diesem Kapitel

Mit Framing können positiv oder negativ belastete Erinnerungen beim Vermitteln von Informationen beim Nachrichtenempfänger gezielt abgerufen werden.

Slogans und Texte, welche „framed' sind, sind wesentlich wirkungsvoller.

Wer seine Botschaften nicht „framed' vergibt Chancen.

Was ist Framing

Wer eine Nachricht hört, fühlt automatisch - ob er will oder nicht. Und wer liest, sieht; zumindest vor dem geistigen Auge. Denn um Worte zu begreifen, aktivieren Menschen sofort, automatisch und unterbewusst / unbewusst abgespeichertes Wissen über Bewegungen, Gefühle, Gerüche und visuelle Eindrücke. Wir spielen die gehörten Worte automatisch nach, um sie zu verstehen.

Sender einer Botschaft können nicht *nicht* framen. Allein durch die Verwendung von Sprache und eine bestimmte Wortwahl werden Frames kommuniziert und im Gehirn des Gegenübers ausgelöst.

Beim Sehen sieht der Mensch nur ca. 4% des Bildes, den Rest übernimmt das Hirn und extrapoliert es basierend auf Erinnerungen und Erfahrungen und ergänzt das Bild.

Framing ist die Einbettung von Ereignissen und Themen in Deutungsraster. Komplexe Informationen werden dadurch selektiert und strukturiert aufbereitet, sodass eine bestimmte Problemdefinition, Ursachenzuschreibung, moralische Bewertung und/oder Handlungsempfehlung in der jeweiligen Thematik unterstützt wird.

Das komplizierte beim Framing ist das Abschätzen der Wirkung Hörer. Welche Begriffe und Attribute werten Menschen als positiv und welche als negativ? Diese ist stark davon abhängig, welche Assoziation die jeweiligen

Personen mit den verwendeten Begriffen verbinden. Es ist nicht immer eindeutig, sich für das eine oder das andere Wort zu entscheiden, denn jeder Mensch empfindet etwas anderes. Für manche klingt „Made in Germany' besser als „Made in Switzerland', obwohl es auch viele Menschen gibt, die schweizerische Wertarbeit zu schätzen wissen und deshalb ein Produkt aus der Schweiz vorziehen würden.

Eine Methode, Frames aufzurufen, ist Metaphern einzusetzen. Dadurch werden abstrakte Ideen an Erfahrungen angebunden und letztendlich 'denkbar' gemacht. Deshalb wird dieses 'Metaphoric Mapping' insbesondere in der Politik angewandt, denn politische Ideen sind zumeist abstrakt. So sprechen wir beispielsweise von Steuerbelastung und Steuererleichterung - und aktivieren damit die Metapher von Steuern als Last und damit als etwas, das negativ empfunden wird.

Die Existenz von Frames kann über mehrdeutige Texte nachgewiesen werden. So werden etwa die Sätze „Müller ruft den Ober. Er bestellt sich Bier' von den meisten Lesern so verstanden, dass Müller das Bier bestellt.

Das Denkschema ‚Restaurant' verleitet uns dazu, dass Müller als Gast Getränke ordert und der Ober diese Bestellung entgegennimmt.

Tatsächlich wird aus den beiden Sätzen nicht ersichtlich, wer von beiden nach Bier verlangt.

Bei der „Risikostrategie' wird mit Hilfe des Framing-Effekts eine „riskante' Entscheidung zwischen mindestens zwei Optionen erzeugt, um Sie bei ihrer Wahl zu beeinflussen. Wichtig ist vor allem, dass eine Option mit einem

Verlust für die Person verbunden ist. Menschen tendieren dazu, stets Verluste zu vermeiden. Folglich fällt die Wahl des Angesprochenen auf die Option ohne Verlust.

Ein gutes Beispiel sind Gewinnspiele, die oft bei Teilnahme mit Preisen locken. Dabei wenden die meisten Gewinnspiele die Teilnehmer mit einem nahen Datum für den Teilnachschluss unter Druck. Somit werden negativen Folgen angedroht, wenn nicht sofort gehandelt wird. Jeder kennt die Werbefloskel „Streng limitiert', die potenziellen Kunden vermitteln soll, dass sie beim Kauf etwas Besonderes erhalten, das nur Wenige besitzen. Ein weiteres beliebtes und oft gesehenes Mittel: Nur solange der Vorrat reicht!

Wenn der Begriff „Asyltourismus' eine Abfälligkeit gegenüber Asylsuchenden impliziert, ist das auch so gemeint. Der Begriff setzt sich aber vor allem deshalb durch, weil er mit „Tourismus' ein Konzept aufgreift, zu dem Menschen viel Alltagswissen abgespeichert haben - demnach konkrete Bilder, Gefühle, aber auch Geräusche oder Gerüche. Ein politisches Thema mit einem greifbaren Alltagsbegriff zu verbinden, nennt sich metaphorisches Framing.

Die Aussage „Hergestellt aus 30% Baumwolle' klingt wesentlich besser als „Hergestellt aus nur 70% Baumwolle'.

In unserem Hirn ist unser gesamtes Wissen abgespeichert. Wenn Sie zum Beispiel „Schraubenzieher' hören, wird nicht nur das Bild eines Schraubenziehers aufgerufen, sondern das Gehirn simuliert auch die zugehörige Armbewegung.

Manipulationen

Manipulation bedeutet, dass jemand versucht, andere dazu zu bringen etwas zu tun, was diejenigen gar nicht tun möchten. Zeigt jemand in hohem Masse manipulatives Verhalten, fühlen sich andere mit der Zeit ausgenutzt, was langfristig verhindert, dass persönlich wichtige Ziele befriedigt werden, was wiederum genau das Gegenteil ist von dem, was ursprünglich beabsichtig wurde!

Manipulationstechniken gibt es viele und Führung beinhaltet grundsätzlich die Tendenz zur Manipulation.

Die Beeinflussung eines anderen durch Manipulationstechniken, die diesem weder bewusst ist noch in seinem Sinne geschieht, die Beeinflussung seines Denkens, Handelns und Fühlens allein zum Eigennutz des Menschen, der manipuliert, ist unangebracht.

Manipulationstechniken

- Wiederholung
- Kompromisse
- Erzeugen von Angst
- Herdentrieb
- Konsequenzen aufzeigen

- Der erste Eindruck

- Denkmanipulation

- Manipulation des Verhaltens durch Sprache

- Selbstbewusstsein

- Informationsdarstellung

- Spiegelung

- Manipulation von Bedürfnissen

Wiederholung

Werbesendungen sind ein gutes Beispiel für diese Form der Manipulationstechnik: Ein Werbespot wird nicht nur ein einziges Mal gesendet, sondern über einen gewissen Zeitraum immer wieder wiederholt. Je öfter wir also Begriffe hören oder verwenden, desto eingängiger und selbstverständlicher werden sie.

Viele Menschen haben Mühe, Fakten bzw. Interpretationen eines Sachverhalts im Gesamtzusammenhang zu betrachten und zu bewerten. Deshalb sind solche Personen besonders dafür anfällig für Überzeugungsarbeit, wenn man ihnen sagt, dass etwas „so oder so' ist.

Kompromisse

Eine Lenkungsmöglichkeit besteht darin, verschiedene Varianten aufzuzeigen und diese als Wahlmöglichkeiten anzubieten. Die Kunst des Fragestellers besteht darin das von ihm gewünschte Verhalten als einen Kompromissvorschlag zu verkaufen. Das gelingt, indem er andere extremere Vorschläge als Wahlalternativen angeboten werden. Die Überlegung dahinter: Er weiss, dass der Gegenüber diese extremen Vorschläge nicht annehmen wird

Erzeugen von Angst

Menschen sind selten objektiv und lassen sich sehr stark von Gefühlen leiten. Gelingt es einem Vortragenden, die Gefühle der Teilnehmer richtig anzusprechen, dann verlieren die meisten Menschen jegliche Vernunft und sind der Manipulation ausgeliefert.

Angst lähmt das logische Denken und verstärkt sich psychologisch selbst.

Herdentrieb

Der Herdentrieb ist in der Wirtschaft und speziell auf Finanzmärkten das Verhalten von Marktteilnehmern, wenn diese dazu neigen, die gleichen Entscheidungen zu treffen, die andere Marktteilnehmer bereits vor ihnen getroffen haben. Durch gezieltes Reizen kann man diesen auslösen.

Konsequenzen aufzeigen

Will man einen Gesprächspartner für ein bestimmtes Verhalten gewinnen, sollten Sie die positiven Konsequenzen deutlich herausstellen. Menschen reagieren auf Belohnung und Bestrafung. Verhalten, für das wir bestraft werden, lehnen wir ab. Andererseits sind wir empfänglich, wenn wir belohnt werden oder eine Belohnung zumindest in Aussicht steht.

Der erste Eindruck

Der erste Eindruck, den man bei Gesprächspartnern hinterlässt, ist entscheidend!

Der erste Eindruck einer Person dominiert im Gehirn die später folgenden Eindrücke. Nach dem ersten Eindruck erscheint eine Person als angenehm oder unangenehm, als sympathisch oder unsympathisch.

Ein selbstsicheres Auftreten ist hierbei wichtig. Auch der Händedruck bei der Begrüssung ist entscheidend. Er sollte trocken und kräftig sein.

Denkmanipulation

Denken ist grösstenteils ein unbewusster Vorgang. Nur ein kleiner Teil des Prozesses läuft bewusst ab. Besonders auf das unbewusst ablaufende Denken sind die gebräuchlichsten Manipulationstechniken ausgerichtet:

- Mit Schlagwörtern wird aus einer Sache mehr gemacht
- Mit Fremdwörtern oder Begriffen, die nur unzureichend definiert sind, manchmal gar völlig unzutreffend verwendet werden, wird die Person zum Opfer seiner eigenen Wertvorstellungen gemacht.
- Durch eine 'intellektuelle' Präsentation über dem Niveau der Zuhörer wird diesen - obwohl sie nur die Hälfte verstehen - suggeriert, dass sie intelligent genug sind, dies zu verstehen. Das uneingestan-

dene Unverständnis des Zuhörers wird also ausgenutzt, um das Denken in eine bestimmte Richtung zu lenken.

- Wichtige Tatsachen werden bewusst verschwiegen oder es wird mit Allgemeinplätzen und Phrasen gearbeitet.
- Bestätigung der Meinung „eitler' Teilnehmer, die dadurch offen für eine Manipulation werden.
- Visualisieren der Elemente, die dem Manipulator wichtig sind und nicht die, welche den Gesamtzusammenhang aufzeigen.

Manipulation des Verhaltens durch Sprache

Das Verwenden von Begriffen, die nicht hinterfragt werden: 'Man' tut dies oder jenes am besten oder etwas ist 'unmöglich', 'unfair', 'verantwortungslos' etc.

Wichtig ist in diesem Zusammenhang, dass wir uns vielfältigen Normen unterwerfen und diese oft nicht hinterfragen. Diese Normen schränken dann unseren Spielraum beim Interpretieren und Denken ein.

Selbstbewusstsein

Selbstbewusste Menschen betreten stets erhobenen Kopfes und ohne zu zögern die Bühne. Dieses Auftreten überstrahlt alle anderen Merkmale.

Der Effekt besteht darin, von bekannten Eigenschaften einer Person auf unbekannte Eigenschaften zu schliessen. Diese bekannten Eigenschaften einer Person überstrahlen alle anderen und dominieren somit das Gesamtbild der Person.

Der erste Charakterzug einer Person, von dem man erfährt, hat eine ähnliche Wirkung. Wenn einem eine Person als neidisch beschrieben wird, verändert das grundlegend die Wahrnehmung aller anderen Eigenschaften.

Informationsdarstellung

Informationen werden je nach Absicht in einem 'besonderen Licht' dargestellt:

- Bewusst oder unbewusst werden nur Informationen bestimmter Art bereitgestellt, man schafft bewusst Lücken
- Mit Überinformationen werden die Zuhörer solange zugemüllt, bis sie nicht mehr wissen, was da abgeht.
- Wichtige Informationen werden nebensächlich dargestellt und dadurch abgewertet. Eher unwichtige Informationen werden andererseits breit ausgetreten.
- Gewisse Informationen werden vorenthalten

Spiegelung

Diese Technik beinhaltet den Trick sich dem Gegenüber anzupassen, ihn zu spiegeln. Genestände sind beispielsweise: Stimmhöhe, Sprechgeschwindigkeit, Sprechlautstärke, Satzmelodie, Körperhaltung, Bewegung, Gestik, Mimik, Fachbegriffe, ...

Manipulation unserer Bedürfnisse

Jeder strebt nach der Befriedigung von Bedürfnissen. Manipulatoren könnten dies ausnutzen, indem sie

- dem Manipulierten das, wozu er beeinflusst werden soll, als Schritt zur Befriedigung dieser Bedürfnisse vorgestellt wird.

- das Bedürfnis der Person in kleine Einzelbedürfnisse aufspalten und dann für die entsprechenden Einzelbedürfnisse Möglichkeiten zur Befriedigung anbieten.

- das Bedürfnis für etwas erst wecken, das wir zuvor gar nicht als Bedürfnis empfinden. In Verbindung mit Angst ist diese Manipulationstechnik sehr wirkungsvoll.

Erkennen von Manipulation

Wenn ein Gespräch mehr einem Interview gleicht sollten die Alarmglocken läuten. Ist die Kommunikation sehr einseitig und zielen alle Fragen darauf ab, mehr über Sie zu erfahren, kann das ein Indiz dafür sein, dass eine Person Informationen über Sie zu sammeln versucht. Diese Informationen nutzt der Manipulator dann, um Sie manipulieren zu können.

Damit das möglich ist, muss der Manipulator Ihre Stärken und Schwachstellen genau kennen. Dabei fällt auf, dass er seine eigenen Schwachstellen nicht preisgibt und sich eher über vermeintliche Stärken profiliert.

Leute, die Sie manipulieren wollen, erzählen oft Geschichten, die nie so geschehen sind. Viele erkennen das nicht direkt. Das liegt daran, dass Manipulatoren im Lügen geübt sind und kein schlechtes Gewissen haben.

Einen Lügner erkennt man daran, dass er bei unwichtigen Fragen viel mehr erklärt, als notwendig ist und sich über Masse rechtfertigt.

Manipulatoren sind nie an irgendetwas schuld. Im Grunde genommen übernehmen sie nie die Verantwortung für ihre Fehler oder Unzulänglichkeiten. Sie schieben die Schuld immer auf andere, am liebsten auf eine bestimmte Person.

Wenn man einen Manipulator um Hilfe bittet, sagt er schnell zu. Wenn es dann aber so weit ist, dass er helfen sollte, redet er sich raus. Er jammert wieviel Arbeit er wegen des Gefallens haben würde.

Leserbriefe / Berichte

Darum geht es in diesem Kapitel

Leserbriefe und Berichte von Anlässen, Standaktionen etc. sind ein äusserst günstiges Instrument, um viele Leser zu erreichen. Von der Qualität hängt die Wirkung ab.

Wichtig sind Verständlichkeit, Struktur, Zielgruppengerechtigkeit und passende Länge.

Struktur eines Leserbriefs

Ein Leserbrief sollte grundsätzlich kurz, verständlich, strukturiert und auffallend sein.

- **Kurz**, weil der Konsument lieber kleine Happen verdaut und die Aufmerksamkeit nach ein paar Sätzen abnimmt
- **Verständlich**, weil der Leserbrief, resp. dessen Botschaft sonst nicht wirkt
- **Auffallend**, damit er sich von anderen Leserbriefen abhebt und haften bleibt.
- **Strukturiert**, weil vom Wenig-Leser bis zum Alles-Leser alle abgeholt werden sollen.

Damit kommen wir zur Struktur:

- Titel - auffallend, kurz, prägnant, „framed'
- Teaser - in einem bis zwei Sätzen die Essenz bringen
- Text
    - Ausgangslage
    - Argumente
    - Fazit
    - Handlungsaufforderung

Struktur eines Berichtes

Ein Bericht sollte grundsätzlich nicht zu lang, verständlich, strukturiert und auffallend sein.

- **Nicht zu lang**, weil der Konsument lieber kleine Happen verdaut und die Aufmerksamkeit nach ein paar Sätzen abnimmt
- **Verständlich**, weil der Bericht, resp. dessen Botschaften sonst nicht wirken
- **Auffallend**, damit er sich von anderen Einsendungen abhebt und haften bleibt.
- **Strukturiert**, weil vom Wenig-Leser bis zum Alles-Leser alle abgeholt werden sollen.
- **Cross-Selling:** Wo immer sinnvoll und möglich noch Informationen einbauen / einflechten, die der Partei nützen: 'name dropping'[7], räumlichen Bezug schaffen, USP[8],...

Damit kommen wir zur Struktur:
- Titel - auffallend, kurz, prägnant, ‚framed'
- Teaser - in einem bis drei Sätzen die Essenz bringen
- Text
    - Absätze, mit jeweils

---

[7] Namen von Exponenten immer wieder nennen – Wahlen!
[8] Unique sales proposition = Alleinstellungsmerkmale

- Ausgangslage
- Argumente
- Fazit / Entscheidung
- (Handlungsaufforderung)

Abbildung 5: Zeitung

Argumentarien

Darum geht es in diesem Kapitel

Für Abstimmungskämpfe u.ä. braucht man Argumentarien, die allen abgegeben werden können, welche sich für die Sache einsetzen, jedoch sich nicht so tief und breit damit auseinandergesetzt haben oder wollen.

Damit entlastet man Sie von der Recherchearbeit, liefert ihnen Argumente und lenkt die Argumentation in die gewünschte Richtung.

Man munitioniert die Botschafter.

Struktur eines Argumentariums

Argumente sind immer dann notwendig, wenn Sie andere Menschen von sich, Ihren Ansichten oder Vorschlägen überzeugen wollen. Abstimmungen, Verhandlungen, Besprechungen oder Gespräche laufen erfolgreicher, wenn Sie Ihre Argumente klar und überzeugend darstellen können. Es geht darum, Ihr Publikum oder Ihre Gesprächspartner mit wertvollen Inhalten zu erreichen, um zu überzeugen. Vermeiden Sie daher inhaltsleere Phrasen, Worthülsen und allgemein gehaltene Formulierungen. Gehen Sie stattdessen gehen stets konkret auf das ein, was Ihnen wichtig ist.

Ohne Beweis kein Preis

Die Grundstruktur jeder Argumentation beruht auf drei Säulen: Dem 3-B-Schema. Mit dieser Struktur formulieren Sie einen klaren Standpunkt. Das 3 B steht für Behaupten, Begründen, Belegen

Behaupten

Jede Argumentation beginnt mit einer Behauptung. Die Behauptung kann eine These, ein Vorschlag, eine Idee, eine Meinung sein. Die Behauptung ist die Kernbotschaft, sodass alle wissen, worum es geht.

Begründen

Die Begründung beantwortet das Warum: Warum soll ich die These unterstützen, den Vorschlag annehmen, die Meinung teilen, die Idee befürworten. Begründungen können Sie wie folgt einleiten: weil, denn, da, wegen, dadurch, deshalb, daraus, folglich.

Belegen

In den meisten Situationen reicht eine Begründung allein nicht aus. Die Begründung braucht noch weiteres „Futter‘, um verständlich und überzeugend zu sein. Belege können sein:

- Beispiele
- Erfahrungen und Referenzen
- Werte
- Zahlen, Daten und Fakten
- Vergleiche
- Beweisführungen
- Kausalzusammenhänge
- Glaubwürdige Personen oder Institutionen
- Mehrheiten
- Normen

Mehrere Argumente hintereinander bilden eine Kette. Ihr Gesprächspartner kann aber nur eine begrenzte Anzahl von Argumenten aufnehmen und verarbeiten. Zu viele Argumente verwirren und entkräften Ihre Überzeugungskraft.

Eine Kette bietet sich grundsätzlich immer dann an, wenn Sie viele Argumente zur Auswahl haben und deren individuelle Überzeugungskraft nutzen können. Darüber hinaus ist eine Kette sinnvoll, wenn Sie mehrere Argumente vorbringen möchten, die inhaltlich voneinander unabhängig sind. Das ist zielführend bei Situationen mit Zielpersonen, die das Thema aus unterschiedlichen Blickrichtungen betrachten. So können Sie zum Beispiel ein geldorientiertes, ein wertebasiertes sowie ein normatives Argument formulieren.

Nennen Sie maximal drei Argumente. Qualität geht vor Quantität. Den Rest an Argumenten sollten Sie in die Reserve nehmen.

Nutzen Sie das 231-Prinzip, um eine Kette aufzubauen: zuerst das zweitstärkste Argument (2), dann das drittstärkste Argument (3) und zum Schluss das stärkste Argument (1), um „den Sack zuzumachen'.

Besser nur ein starkes Argument als viele Argumente ohne Kraft.

Darüber hinaus ist es taktisch sinnvoll, maximal 3 Argumente zu nennen. So haben Sie bei Fragen, Einwänden und Kritik noch weitere Argumente im Köcher.

Im Argumentarium führen Sie jedoch mehr als drei Argumente an, es kann sich jedoch lohnen diese nach Wirkung zu klassifizieren, resp. zu bewerten.

Am Anfang des Argumentariums empfehlt es sich bei längeren Abhandlungen eine „Management summary[9]' voranzustellen mit den wichtigsten Argumenten.

Der Benutzer sucht sich dann seinen Subset an Argumenten raus, der ihm zusagt.

Abbildung 6: Checkliste

---

[9] Kurzzusammenfassung

Index